让孩子着迷的第一堂自然课
动物巢穴
DONGWU CHAOXUE

童心 编著

化学工业出版社
·北京·

图书在版编目（CIP）数据

让孩子着迷的第一堂自然课．动物巢穴 / 童心编著．—北京：化学工业出版社，2019.4
　ISBN 978-7-122-33724-5

　Ⅰ．①让… Ⅱ．①童… Ⅲ．①科学知识－青少年读物②动物－青少年读物 Ⅳ．① Z228.2 ② Q95-49

中国版本图书馆 CIP 数据核字（2019）第 044787 号

责任编辑：王思慧　谢　娣

责任校对：王　静　　　　　　　　　　　　　装帧设计：尹琳琳

出版发行：化学工业出版社（北京市东城区青年湖南街 13 号　邮政编码 100011）
印　　装：天津图文方嘉印刷有限公司
787mm×1092mm　1/12　印张 4　字数 58 千字　2019 年 6 月北京第 1 版第 1 次印刷

购书咨询：010-64518888　　　　　　　　　　售后服务：010-64518899
网　　址：http://www.cip.com.cn
凡购买本书，如有缺损质量问题，本社销售中心负责调换。

定　价：22.80 元　　　　　　　　　　　　　　　　　　　　版权所有　违者必究

Contents 目录

01 掘洞而居

02 编织的巢穴

04 会盖房子的动物

06 不劳而获的动物

08 树洞里的家

10 沙滩上的居民

12 河岸旁安家

14 使用泥巴

16 地下的巢穴

18 特殊的家

20 共同的家

22 宝宝的房间

24 北极动物的家

26 石头下面

28 利用人类的建筑

30 保护巢穴

32 万能的工具

34 巨大的树冠

36 筑巢用的材料

38 干燥的沙漠

40 黑暗的海底家园

42 建设巢穴的秘密

掘洞而居

爱挖洞的蟹

招潮蟹喜欢挖洞，它们有专属自己的洞穴，但是出于安全考虑，经常隔几天就会更换一次。招潮蟹的洞穴深可达 30 厘米左右，挖掘时，洞底需抵达潮湿的沙土处。

如果要评选"掘洞能手"，穿山甲一定榜上有名。它掘洞的能力十分惊人，一天便可掘出一条深达 5 米、长达 10 米的隧道。穿山甲的洞穴一般都是盲洞，只有一个洞口。挖洞的时候它会用粗大的尾巴钉住地面，用尖利的前爪挖土往身后堆，再用后爪将土刨出。穿山甲身上的鳞片不但能在遇到危险时保护自己，还能在掘洞的时候将洞壁刮得平整光滑。

穿山甲的洞穴会随着季节和食物的变化而有所不同，内部功能区分明确。用来过冬的冬洞，通常筑在背风向阳、地势较低的地方，洞穴呈葫芦状，每隔一段距离会筑有一道长达 10 余米的土墙，洞穴的尽头有宽敞的凹穴，被用作"卧室"或者"育儿室"，复杂的结构在最大程度上保证了洞穴的安全性和保暖性。聪明的穿山甲还会有计划地让自己的洞穴经过两三个白蚁巢，以保证冬天的食物供给。另外一种夏天居住的夏洞，结构相对简单，洞内隧道只有 30 多厘米，为了避免雨水倒灌，夏洞通常建在地势较高、通风凉爽的山坡上。

地下筑巢

熊蜂喜欢在地下挖洞筑巢。它们会在松软的土地上用自己的下颌挖一个 5~8 厘米深的洞做蜂巢，熊蜂家族就在这里繁衍。不过，有时它们也会找现成的老鼠洞栖身。

共享地道和食物

黑尾土拨鼠的洞穴入口处有一圈堆高敲实的泥土，能防止雨水倒灌。另外，它的洞穴可以根据地形划分为很多个区域，宛如一个"城镇"，一个群体可占地约 2 公顷，同一群体中的"居民"可以共享食物和地道。

编织的巢穴

同人类一样，在动物的世界中也不乏心灵手巧的成员。它们建筑的风格不同，有的是奢华的巢，有的则是简陋粗犷的巢……缝叶莺的身体娇小，嘴尖长，性情活泼，十分惹人喜爱。它们喜欢生活在温暖湿热的地区，以高超的筑巢本领闻名于动物界，享有"裁缝专家"之称。

每年春天，缝叶莺开始寻找伴侣，准备繁殖后代。一旦找到心仪的对象，确立关系之后，它们就会开始为繁殖做准备。筑巢是繁殖前要做的最基本，也是最重要的工作。缝叶莺要找到一个适合筑巢的绝佳位置，不仅要方便找材料，还要安全。首先要选择一片大叶子和几片小叶子充当布料，用植物纤维和昆虫丝做线绳，然后用尖长的嘴在叶子的边缘打上一排圆孔，再用植物纤维和动物丝将叶子卷曲缝合在一起，形成兜状。为了不让巢松脱，它甚至会在线头上打结。最后在巢里面垫上一些细软的绒毛或植物纤维。这样，一个巢就建好了。

吊篮

黄鹂生活在阔叶林中，不仅能够大量消灭害虫，还能鸣唱出悦耳的旋律，是鸟类中的名角。黄鹂夫妇一起建巢，它们用树皮、麻类纤维、草茎等在水平枝杈间筑巢，形状很像是一个吊篮。小黄鹂在这个巢里将度过美好的幼年时光。

不断添材加料

攀雀一般把巢建在近水的苇丛中或杨、柳、桦等树木的树冠中。攀雀从很远的地方搜集来了大量的羊毛、柳絮和花絮，这些都是筑巢的主要材料。它用脚踩住羊毛絮，用嘴将其扯成纤维，然后反复地缠绕在树枝上，固定住整个巢，同时将纤维缠绕在巢的外面，包裹里面的柳絮、花絮及羊毛。之后它们还会不断地搜集材料，来增加巢的重量，以防止巢被风吹得乱晃。

小杯子

蜂鸟的窝就像一个小杯子似的，由植物纤维、地衣、蜘蛛网和苔藓构成，通常悬挂在树枝上或附着于岩石表面。

编织高手

织布鸟是动物界的建筑大师，它们编织巢的过程很容易使人联想到编织笼子和筐的过程。织布鸟做巢用的材料主要是细长的草茎、叶子和植物纤维。筑巢的工作由雄鸟担负，而雌鸟则像一个监工。雄鸟先是用细长的草茎和叶子在树枝上织一个圈，接下来不断地加料、编织，直到编成一个空心球，最后再编织一个出入口就完成了。

为防止做巢的叶柄因枯老而被折断,缝叶莺会用草茎把叶柄挂在树枝上。还会把巢倾斜一定角度,以防止巢内灌进雨水。

会盖房子的动物

聪明者的房子

松鼠的窝通常搭在树枝分叉的地方。它们搭窝的时候，会先搬些小木片，错杂着放在一起，再用一些干苔藓编扎起来；然后把苔藓挤紧、踏平，使窝既宽敞又结实。松鼠窝通常窝口朝上，端端正正，很狭窄，勉强可以进出。窝的上方会有一个圆锥形的盖，把整个窝遮蔽起来，这样下雨时可以使雨水向四周流去，不会流进窝里。

对于河狸们来说，想拥有一座临水的大房子并不困难，它们完全可以在河岸边建造一处美丽的"私人社区"。河狸的巢穴都建于河岸边，是真正的"临水别墅"。它们在筑巢时会先在陡峭的河岸上挖一条斜着向上走的隧道，当隧道高于水平面的时候，就可以拓宽修建巢穴了。河狸耐力持久，挖土的工作效率很高，它们先用前爪把土刨松，然后用长着蹼的后爪将土一点点推出洞外。河狸的巢穴分为上下两层，空间利用得十分合理。高于水平面的上层温暖干燥，被用作"起居室"；下层阴凉潮湿，正好可以当作"仓库"储存食物。

河狸垒的巢穴与它们的生存环境密不可分。它们会用树枝、石块和淤泥垒成堤坝，使栖息地周围形成一片池塘或者湖泊。这是一项十分浩大的工程，顽强的毅力和求生本能，促使它们不停歇地劳作，以确保自己巢穴的洞口始终处于水位下，以防止敌人的入侵。

不得已筑巢

胡蜂又被称作纸巢黄蜂。它们生性懒散，很少筑巢。但是如果蜂后要当妈妈了，巢穴是无论如何都要建的，因为胡蜂宝宝们要居住很长一段时间。蜂后会收集一些合适的木浆建造房屋，并用短柄连接在牢固的悬垂物上。一般一个蜂巢大约会有100个差不多大小的房间，蜂后就在它们之中分别产卵。

海底花园的建设者

珊瑚虫有很多种类，是"海底花园"的建设者之一。珊瑚虫外胚层细胞能分泌一种石灰质的物质，这种物质会组成珊瑚虫外骨骼。我们平时看到的珊瑚就是美丽的珊瑚虫死后留下的骨骼堆积而成的。珊瑚虫的子孙们会在它们祖先的骨骼上生息繁衍。

高楼大厦

白蚁的蚁冢绝对是一大奇观。非洲和澳大利亚的大白蚁冢由十几吨的沙土砌成，高度可达9米。蚁冢坚固又耐用，可供数百万只蚂蚁栖息。同时，内部还划分出了各个专门的区域，如产卵室、育幼室等。令人惊讶的是，这样巨大、专业、复杂的工程是由全盲的工蚁用一粒粒沙土堆砌完成的。

小河狸找到了一根树枝,它用锋利的牙齿将甜甜的树皮一点一点剥下来吃掉,剩下光滑的树枝则用来筑巢或者垒堤坝。

不劳而获的动物

聪明的二带双锯鱼

海葵专门以小鱼为食,但是二带双锯鱼却在海葵丛中生存了下来,并寄居在海葵的体腔内。它是怎么做到的呢?原来海葵在释放毒液捕杀猎物的时候,会先分泌一层黏液保护膜覆盖在自己的身体上。聪明的二带双锯鱼发现了这个秘密,它们忍受着被毒液麻醉的痛苦,在海葵捕猎时靠近它们获取保护膜,反复几次之后,二带双锯鱼就可以对毒液终身免疫了。

残忍的寄居

潜鱼喜欢寄居在海参体内,但是它的寄居比较残忍。它们会生活在海参的肠里并随意进出,时常还会将海参的内脏吃掉。这样它既能得到寄居的住所又能得到美味的食物。

寄居蟹常常被人称作"白住房"或者"干住屋",这是非常形象生动的比喻。从某种程度上来讲,寄居蟹是非常可怜的——它是无家可归的动物,所以它需要寻找适合的物体或动物的螺壳来作为自己的"新房",这种行为是可以理解的。但是大多时候,它需要吃掉螺壳中的软体动物,将螺壳据为己有,这就有强盗之嫌了。

寄居蟹长大后,必须要找一座适合自己的房子,于是它会向海螺发起进攻。它先把海螺吃掉,然后钻进去,用尾巴钩住螺壳的顶端,几条短腿撑住螺壳内壁,把长腿伸到壳外爬行,并用大螯守住壳口。它就是这样搬进新家的。随着蟹体的逐渐长大,寄居蟹会寻找新的壳体。常见的寄居蟹的房子有海螺壳、贝壳、蜗牛壳。由于生态环境恶劣,它们有时也会用瓶盖来充当家。寄居蟹食性很杂,从藻类、食物残渣到寄生虫几乎无所不食,因此它们也被称为"海边的清道夫"。

共用一体

鮟鱇鱼曾经让渔民们很困惑,因为他们从大洋中捕获的鮟鱇鱼都是雌性的。后来细心的人们发现,雌性鮟鱇鱼身体上有一个不大起眼的小疙瘩,这个肉质突起在每个个体上的位置各不相同,经生物学家鉴定,它就是雄性鮟鱇鱼。鮟鱇鱼雌雄大小悬殊,因此雄鱼得以寄生在雌鱼的体内,完全依赖雌鱼供给营养。

瞒天过海

杜鹃鸟俗称布谷鸟,多居住在热带和温带地区的树林中。大约有三分之一的杜鹃鸟会选择"巢寄生"的方式来哺育幼鸟,大杜鹃鸟就是其中的典型。它可以将卵寄生在125种其他鸟类的巢中。大杜鹃鸟会在繁殖期寻找与自己孵化期和育雏期相似、雏鸟食性基本相同、卵形与颜色相仿的宿主,并在宿主开始孵卵之前,乘宿主离巢外出时快速寄生产卵,让毫不知情的宿主替自己精心孵化。

寄居蟹打败并吃掉了一只海螺,搬进了漂亮的海螺壳"新家"。虽然这个新家足够坚固安全,但是它还是时刻保持警觉,稍有一点动静就会马上缩回壳里。

树洞里的家

森林中，很多高大的树干上会出现大小不一的树洞，这些树洞里面很可能有动物居住。林鸳鸯是喜欢在树洞中筑巢的动物之一。每到繁殖期，林鸳鸯会在森林中寻找距离地面几米到十几米高的树洞筑巢，这些洞穴有的是树木腐烂形成的，有的是其他动物挖掘的。林鸳鸯在树洞里产蛋并孵化，等雏鸟孵化后第二天，林鸳鸯便带着宝宝飞到树下的草地上生活了。

在众多喜欢在树洞安家的动物中，啄木鸟是最会建造洞穴的动物之一。啄木鸟的喙非常粗壮有力，它可以在原有洞穴的基础上扩建，也可以在树干上啄出一个新洞。啄木鸟废弃的洞穴为很多其他动物提供了方便，它们会把废弃的洞穴建造成自己的家。松鼠、松貂和戴胜都会使用啄木鸟废弃的巢穴。

臭姑姑缘由

树洞是戴胜筑巢的最佳地点。在缺少树洞的地区，它们也会在废弃房屋的墙洞中或岩石缝隙中筑巢，甚至会在干枯的树枝堆下筑巢。戴胜孵化期间，身体上一个特殊的腺体会分泌出棕色的油状液体，把巢弄得臭烘烘的，所以人们又叫它们"臭姑姑"。

树栖猴子

倭狐猴生活在热带雨林地区，是一种小型的树栖猴子。倭狐猴居住在树洞中。白天，它们藏在树洞中休息，晚上，它们在树上窜来窜去寻找食物。

树洞之家

松貂是一种小型动物，生活在多草木的地区，主要捕食小型哺乳动物、鸟类和昆虫，有时也吃植物果实。松貂在灌木丛或树洞中筑巢，繁殖后代。

凿洞高手

在繁殖期，一只雄性大斑啄木鸟和一只雌性大斑啄木鸟结成伴侣，共同啄凿洞穴。之后，它们在洞穴中孵化并养育幼鸟。大斑啄木鸟建造的洞穴一般只使用一个繁殖期，等第二年繁殖期到来的时候就会再建新巢。

由于枯树被大量砍伐,导致林鸳鸯可用于筑巢的树洞减少。目前大量林鸳鸯在人工鸟巢中居住。

沙滩上的居民

沙滩是沿海的一部分,有时它露在外面,有时则被海水浸没。沙滩上覆盖着沙、碎石和粗糙的卵石。沙滩对很多小型海洋动物非常重要,这里是它们栖息的家。潮水退去后,大滨鹬结成群出现在沙滩上,它们是沙滩上的捕食者之一,主要捕食甲壳类、软体动物、螃蟹和昆虫等。大滨鹬喜欢在沙滩上生活,这里就像它们的捕猎场一样。大滨鹬在靠近水域的地表浅坑或草丛中筑巢。在沙滩的沙层下面还住着很多可爱的小动物,如文蛤、沙钱和马蹄蟹。另外,招潮蟹和弹涂鱼也生活在沙滩上,它们在沙滩上建造洞穴,当潮水涌上来时,它们藏在洞穴底部,等潮水退了,它们便小心翼翼地钻出来觅食。

随波逐流

文蛤具有随水质变动和由中潮区向低潮区移动的习性,俗称"跑流"。文蛤伸出肉足在沙滩上行走,或者随潮水移动,等到退潮后,它们便停止移动并潜藏起来。

见机行事

沙钱是硬币状的海胆,它们的表皮上布满了密密麻麻的短刺,看上去就像丝绒一样。沙钱用下部的刺斜着向前挖洞。一般情况下,沙钱一部分身体露在外面,以方便捕食,当危险来临时,它才会全部隐没在沙中。

资源丰厚的穴

弹涂鱼在布满烂泥的低潮区建造"Y"字形洞穴,分为孔道、正孔口和后孔口三部分,正孔口用来进出洞穴,而后孔口则用来换气。弹涂鱼的洞穴中有水,这样可以防止弹涂鱼的身体因缺水而变干燥。弹涂鱼的卵的孵化也是在洞穴中完成的。

因地制宜

鲎(hòu)因外形长得像马蹄而又被称为"马蹄蟹"。鲎通常栖息于20~60米水深的沙质底浅海区,藏身在浅穴中,只露出剑尾。鲎类在港湾的水域中最为丰富,冬季生活在中等深度的水中,夏天生活在潮间带的泥滩上。

大滨鹬的腿修长,这使它们非常适合在沙滩和浅水区行走,尖长的喙则是它们捕捉猎物的武器。

河岸旁安家

傍水而居

水䶄鼱（qú jīng）的外形像老鼠，但身体比老鼠小，嘴部也更尖长。水䶄鼱在河岸上的草丛中挖洞居住。它们非常善于潜水和游泳，主要以水中的昆虫为食。

温暖的巢

温暖的春季，野鸭准备产蛋。它们在河流旁的草丛中、洞穴里或低洼处建造巢穴，建巢的材料主要是自身脱落的羽毛和植物的茎叶。野鸭宝宝在这个温暖的巢中出生并长大。

有水的地方就会有生命存在，因为所有生物的生存都离不开水。陆地上分布着大大小小的河流，通常河流两岸还会生长着丰富的植物，便于动物们觅食和藏身。就这样，很多动物来到河流两岸安家。

水獭主要以鱼为食，所以它们喜欢居住在河流两岸。水獭在河流两岸的巨石下、大树下、草丛中或灌木丛中挖掘洞穴居住，它们的洞穴不是很深，但有好几条通道，通向不同方向，有助于躲避捕食者攻击。在众多通道中，有一条通道直接通到河里，使水陆相通，非常便于捕食。

野鸭、苍鹭、翠鸟以及像老鼠一样的䶄鼱也是在河岸旁安家的动物。它们为了充分适应河流两岸的环境，都进化出了适合自身的生存本能。

地理位置优越

翠鸟把巢建在河流堤岸的洞穴里，这是非常明智的，不但能够防止被捕食者袭击，还很方便捕食。平时，翠鸟站在堤岸旁的树枝上，紧紧地盯着水面，一旦发现鱼的行踪便俯冲入水中，将猎物捕获。

优势的自身条件

苍鹭也是在河流旁生活的鸟类之一。它们的喙、脖子和腿非常细长，这表明它们能够在浅水区域行走和觅食。它们在河流中觅食鱼虾，然后在靠近河流的树上建造巢穴。小苍鹭出生后，苍鹭妈妈把食物带回来喂给它们。

水獭也被称为"鱼猫子"。它们白天躲在洞穴中休息,等到晚上才出来捕食。水獭的食物主要是鱼类,有时也捕食鸟类、蛙类和小型哺乳动物。

使用泥巴

泥巴在早期人类建筑中起着非比寻常的作用。你知道吗？泥巴在动物筑巢中也非常重要。棕灶鸟是生活在南美洲的一种奇特鸟类，它们也是动物世界中最会用泥巴建巢的动物之一。棕灶鸟主要在8月到12月繁殖交配，交配成功的棕灶鸟将开始筑巢。棕灶鸟选择这个时候建巢是因为这时正是南美洲的雨季，满地都是能用来建巢的泥巴。雌棕灶鸟和雄棕灶鸟一起筑巢，它们先搭一个杯状的基座，然后不断加高、加固。一只棕灶鸟把泥巴衔回来，另一只棕灶鸟负责把泥巴涂抹在巢的内部并进行塑型。当巢壁修得足够高的时候，棕灶鸟就开始砌圆形的屋顶。慢慢地，泥巴变干变硬，非常坚固。这个巢对棕灶鸟太重要了，不仅能保护它们不受风吹雨打，还能在炎炎夏日避暑，最重要的是用来孵化雏鸟。

漂亮的泥房子

黄柄壁泥蜂用小泥粒搭建漂亮的泥巢。它们用颚和前肢把湿润的泥巴搓成小泥粒，然后再运到筑巢的地方。黄柄壁泥蜂一般在一个地方搭建多个相似的泥巢。

安全起见

当雌犀鸟在树洞中孵蛋的时候，雄犀鸟会用泥巴把洞口砌起来，只留出一条狭窄的缝，这是为了保护雌犀鸟和幼鸟的安全。在接下来的几个星期里，雄犀鸟会通过狭窄的缝把食物喂给雌犀鸟和雏鸟。

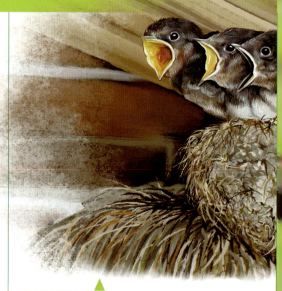

屋檐下的巢

燕子一般选择在隐蔽的屋檐下筑巢，因为这里会特别安全，能够躲避猎食者的攻击。春天，天气变暖，燕子从南方飞回北方繁殖。繁殖之前，燕子首先要搭建新巢或修葺旧巢，而所用的原材料就是泥巴。

泥巢

数以千计的火烈鸟群居在一起，它们用喙把湿泥块和泥巴堆起来，形成一个个锥状的土墩，然后它们再用身体从土堆顶部压下去，使土堆顶部形成一个浅坑，就这样，一个巢就建成了。

棕灶鸟喜欢把巢建在树杈上或电线杆上。棕灶鸟因巢的形状很容易让人联想到老式的黏土灶而得名。

地下的巢穴

地下生活

星鼻鼹鼠长着又大又粗的前爪，它们在浅层地下挖掘错综复杂的隧道，这里就是它们藏身和生活的地方。星鼻鼹鼠每天在隧道中穿行，寻找美味的蚯蚓和蠕虫。虽然有的时候它们会爬到洞外嬉戏和呼吸新鲜空气，但大部分时间都待在地下。

挖掘一个洞穴直通地下，用厚厚的地壳做保护，可以让自己更加安全，这是很多动物选择在地下筑巢的原因之一。

獾是一种居住在地下的动物，它们的洞穴是用粗壮有力的前爪挖掘而成的。它们通常选择从堤坝或树根处开始，先用自己强壮的前爪把土挖下来，然后再把土推到自己的身后。獾在挖掘新洞穴的同时，还经常清理旧的洞穴，然后把新的洞穴和旧的洞穴连接起来，这样它们的洞穴会变得很大。每年5~6月份，雌獾在洞穴中产下幼仔，并将它们抚养长大。獾是一种夜行性的动物，白天喜欢躲在洞穴中休息，夜晚才出来四处觅食。

分工明确

裸鼹（fén）鼠是一类高度社会化的动物。一个裸鼹鼠家族由一只负责繁殖的雌性、几只负责交配的雄性和几百只"工人"组成。这些"工人"除了照顾负责繁殖的雌性和雄性、搜寻食物，还要负责挖掘洞穴以及养育婴儿。

住地下的猫头鹰

穴鸮（xiāo）是一种在地下洞穴中生活的小型猫头鹰。它们主要栖息于热带稀树草原、沙漠、草场和园林等地带，喜欢以其他动物遗弃的洞穴为巢，有时也自己挖掘洞穴筑巢。

辛苦挖洞

蜣螂是非常有趣的昆虫，它们把动物的粪便滚成一个个小粪球，然后运送到地下。直径只有几厘米的小洞穴是蜣螂繁殖的地方，小蜣螂在地下的粪球里孵化并长大。蜣螂几乎一刻不停地挖洞、运送粪球和产卵。

獾有冬眠的习性,一般每年的11月份开始冬眠,翌年的3月份离开洞穴。在冬眠的这段时间里,洞穴不仅能抵御严寒,还能保护它们不被捕食者伤害。

特殊的家

有一些动物天生就是弱者,它们不具有攻击性和自卫能力,所以它们必须进化出一些特殊的结构或营造出更安全的环境来保证自己的安全。

背上的房子

蜗牛是我们熟悉的软体动物之一,它们背着螺旋状的壳,壳的大小和蜗牛的大小有关。蜗牛喜欢在湿润的地方生活,主要以嫩植物为食。当感觉到有危险的时候,它们会将柔软的身体藏进壳内。

石蛾喜欢干净的池塘和溪流。繁殖的时候,石蛾妈妈摇摇摆摆地从水面上飞过,与此同时,它把卵产在水面或水生植物上。

几天后,石蛾宝宝孵化出来了,我们称它们为石蚕。石蚕慢慢地沉入水底,它们要在水下度过很长一段时间。石蚕是非常聪明的建筑师,它收集植物碎片、贝壳以及沙粒,然后用身体分泌出来的"胶水"把这些东西黏在一起,做成一个圆筒状的巢。

随着身体长大,石蚕会不断地更换更大的巢。到了第二年或者第三年的夏天,幼虫会在巢中变成蛹,然后就变成会飞的石蛾了。

能移动的房子

东部箱龟是一种生活在北美洲东南部的龟类。它们喜欢生活在潮湿的沼泽地带。通常在清晨或雨后,才能见到东部箱龟,它们在潮湿的泥土中寻找蛞蝓和蚯蚓等软体虫子和多汁的浆果来吃。当受到威胁的时候,东部箱龟会钻进甲壳中,坚硬的甲壳可以保护它们不受伤害。

石头上打洞

一种动物能够在木质中钻孔就已经很不得了了,而穿石贝竟能在石头上打洞。穿石贝和其他贝类一样,身体夹在双壳中。它们通过壳的摇摆运动来摩擦岩石。长此以往,它们就在石头里建造出了一个环形的洞穴,这就是它们的家。

坚硬的房子

海螺主要生活在海洋的浅水区。海螺把柔软的身体藏进坚硬的壳中。饿了的时候,它们把身体探出来吃海藻和浮游生物,一旦有危险,便迅速把身体藏进壳里。

水中有很多捕食者,而石蚕又是它们的主要食物来源,所以石蚕需要藏在"小房子"里躲避捕食者。

共同的家

珊瑚礁是地球上最美丽、最复杂的动物栖息地之一。由一些非常小的生物——珊瑚组成的。地球上最早的珊瑚礁形成于20亿年前。直到现在，珊瑚对环境的要求从未改变，它们需要温暖、清澈、充满光线的水。因此规模特别大的珊瑚礁主要集中于热带和亚热带大陆的东部沿海区域。最常见的是石珊瑚，能长到2000多米。

成千上万的各种鱼类和各种各样的无脊椎动物选择在珊瑚礁中生活，因为这里有藏身的地方，还有丰富的食物，是它们共同的家。

隆头鱼是居住在珊瑚礁中的鱼类之一，以胸鳍游水，姿势十分奇特。它们在珊瑚礁中穿梭，捡食其他鱼类身上的寄生虫和老化组织。

会变色的海兔

海兔是海洋中的一类小型软体动物，因突出的触角看上去很像兔子竖起的两只长耳朵而得名。海兔有一个特点：它吃哪种颜色的藻类，身体就会变成和这类藻一样的颜色，从而不会轻易被猎食者发现。

厚皮的炮弹鱼

炮弹鱼的身体有一层极不一般的厚皮，所以也有人叫它们"皮夹克鱼"。事实上，它们的厚皮包裹着一些活动的骨块，因此炮弹鱼不是游泳高手。遇到危险的时候，炮弹鱼会钻进岩石缝或珊瑚枝杈之间，把自己牢牢地卡住，很难被拽出来。

色彩艳丽的鱼

鹦嘴鱼是生活在珊瑚礁中的热带鱼类，因其色彩艳丽，嘴型酷似鹦鹉的喙而得名。鹦嘴鱼用喙状嘴从珊瑚礁上刮食藻类和珊瑚的软质部分，牙齿坚硬，能够在珊瑚上留下明显的啄食痕迹。

灵活的牛角箱鲀

牛角箱鲀的家一般都在热带海域的珊瑚礁上。牛角箱鲀在进食的时候用像鸟一样的嘴啃食海藻、海草和珊瑚礁表面的珊瑚虫。虽然牛角箱鲀不是游泳健将，但是它们能在珊瑚礁的缝隙中灵活地钻进钻出，大大方便了觅食。

隆头鱼共有600多种，遍布在热带和温带海洋里。隆头鱼喜欢白天活动，黎明之后就会变得十分活跃。

宝宝的房间

精致的儿童房

狗鲨在浅水区的海草里产卵。然后，狗鲨会用各种形状的角质鞘把卵包裹起来。每一个角质鞘的四个角上各有一根卷须，这四根卷须能把角质鞘固定在水草上。狗鲨宝宝就在这个精致的房间中逐渐发育长大。

动物们也是非常慈爱的，一些会抚养孩子，一些尽管不会抚养孩子长大，但繁殖的时候也一定会给孩子营造出最好的环境。

箭毒蛙生活在南美洲的热带雨林中。它们有一套极为特别的育儿方法：在繁殖期，箭毒蛙交配和产卵通常在凤梨科植物旁进行，这是因为凤梨科植物的叶子是轮生的，能形成杯子一样的结构，里面会积水形成"小池塘"，为箭毒蛙蝌蚪的发育提供了场所。雌箭毒蛙先把卵产在凤梨科植物附近的水坑中。卵一旦孵化成小蝌蚪，雌箭毒蛙就会把小蝌蚪一个一个地背到独立的"小池塘"中，并产下未受精的卵给它们吃。每一个"小池塘"中只有一只箭毒蛙蝌蚪，因为它们是肉食性的，如果几只放在一起就一定会互相残杀。箭毒蛙蝌蚪长大后，它们会离开小池塘去寻找配偶，然后用这种方式养育自己的孩子。

被包裹的宝宝

雌螳螂把卵产在树枝上，然后它还要进行一项工作——排出一些类似泡沫一样的东西覆盖在卵上，这些泡沫状的物质会很快变得坚硬，形成保护层。这样的结构叫卵鞘，它能够保护宝宝不被伤害。

泡沫小屋

繁殖期时，雌蛙和雄蛙聚集在一起，等雌蛙把卵产在叶片上后，雄蛙会安置这些卵受精，用后腿将雌蛙产卵时排出的黏液搅拌成泡沫，连同枝叶粘合成一个小窝，把受精卵包在里面。

制作保护套

切叶蜂会为自己的卵制作保护套。切叶蜂用颚切下一块绿叶，封闭叶片的一端，然后把采来的蜂蜜和花粉放入其中混合成蜂粮。接下来，切叶蜂把卵产在保护套里，最后封上叶片的另一端。这就是切叶蜂宝宝的房间。

风梨科植物坚硬的叶片能够形成盛装 8 升水的"小池塘",很多昆虫来这里产卵。这些卵还没有发育就成了箭毒蛙蝌蚪的食物。

北极动物的家

地球的最北端是一片冰封的海洋——北冰洋。北冰洋的周围分布着岛屿、陆地海岸和苔原。北极在一年中的大部分时间里都处于低温气候，春、夏、秋三个季节平均只各占两个月的时间。尽管气候寒冷，且植被稀少单调，到处是浮冰和白雪，但北极仍然有一些动物顽强地生活着。在我们看来，冰天雪地里生活真是太不方便了，但是那些北极的动物居民们在一代又一代的生存过程中总结出了很多经验，足够让它们很好地生活下去，真是了不起啊！北极熊是北极动物中的代表，它们的身上长着厚厚的皮毛，以抵挡寒冷的气候。北极熊经常在冰层上活动，伺机捕获浮出水面呼吸的海豹。有时还会进入到冰冷的海水中捕食。当冬季到来的时候，北极熊在雪层中挖掘洞穴居住，靠身体中厚厚的脂肪度过漫长的冬天。

喜欢群居的麝牛

麝牛是生活在北极苔原地区的最大的食草动物。它们喜欢成群活动，主要以草和灌木的枝条为食。食物匮乏的时候，麝牛会用宽大的蹄子扒开雪层觅食。

简单的家

雪兔把巢穴建在灌丛、凹地和倒木下的简单洞穴中，里面的铺垫有枯枝落叶和自己脱落的毛。它们白天隐藏洞穴中，清晨、黄昏及夜里出来活动。冬天的时候，雪兔的皮毛是白色的，而到了夏天，皮毛会变成灰褐色。

简陋的巢穴

北极黄金鸻（héng）的巢穴非常简单，一般建在沼泽附近沙土的低凹处，极其简陋，其中仅有少量地衣类杂草。北极黄金鸻护巢行为非常明显，常常给予入侵者猛烈的还击。

冰冷的生活

独角鲸只生活在北极水域，游动速度极快，神出鬼没，被称作海洋独角兽。独角鲸是一种喜欢群居的鲸类，它们在北极冰盖下集体活动，捕食各种鱼类。独角鲸已经完全适应冰冷的水下生活了，北极海洋是它们的家。

北极熊在厚厚的雪层里建造了温暖的洞穴。冬去春来时,北极熊妈妈产下了1~2只小宝宝,它们会和妈妈在洞穴里度过一段时间。

石头下面

当我们在野外玩耍的时候，轻轻地翻开地上的一块小石头，你会发现什么？当我们在河流中玩耍的时候，翻开一块水中的石头，你又会发现什么？我想你一定有过这样的经历。如果没有这样做过，那么将来有机会不妨试一试，你一定会发现很多有趣的事。

石龙子这种小型的爬行动物，它们有时喜欢在草丛中隐匿，有时喜欢钻进地下土穴中，但有时候索性就在石头下面藏身。当你翻开石头的时候，它会迅速逃跑，藏进草丛中。其他的一些爬虫，比如鼠妇、蜈蚣和盲蛇，因为喜欢阴暗潮湿的环境，所以也喜欢在石头下面栖身。而当你翻开河流中的一块石头时，我想你最有可能发现的动物应该是泥鳅，因为它们喜欢在石头下躲避天敌。

守株待兔

蜈蚣是隐藏在石头下面的捕食者。它是一种节肢动物，一般长着几十对步足，并且长有锋利有毒的颚，主要捕食小昆虫。蜈蚣躲在石头下面不仅是为了休息，还有可能是正准备伏击猎物。

躲避天敌

泥鳅是河流中最常见的鱼类之一，它们也是栖息在河流旁的水鸟的主要食物。为了躲避天敌，泥鳅常常藏身在石头下面。当我们在河流中翻开一块石头的时候，泥鳅会机警地游到另一块石头下躲避，常常只看到一道黑影。

最小的蛇

你见过最小的蛇吗？盲蛇是世界上最小的蛇，它的外表看上去非常像蚯蚓。因为盲蛇喜欢阴暗潮湿的环境，所以它经常在腐木、石头下、落叶堆里和岩缝等阴暗潮湿的地方藏身，晚上及雨后到地面上活动觅食。

石头下的公寓

鼠妇又叫西瓜虫或潮虫，它们喜欢住在"石头下的公寓"里。因为鼠妇用腮进行呼吸，所以需要潮湿的生活环境，而石头下不会受到阳光直射，是最理想的生活空间。

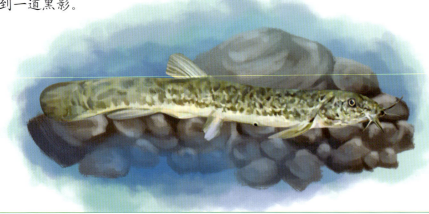

石龙子是一种小型的爬行动物,一般体长约20厘米,身体呈圆柱形,头呈圆锥形,尾尖长。它们喜欢栖息在山地草丛中,以昆虫和小型无脊椎动物为食。

利用人类的建筑

人类是世界上进化最成功、数量最庞大的生物群体，我们具有高智商、创造力及改造自然的能力。在我们人类的祖先开始改造自然时，自然的主宰权逐渐被人类掌握，自然的平衡也被人类所打破。

目前，人类的活动范围已经相当之大，其他动物的栖息地正一点点地减少，危机四伏。但是，一些动物和人类的生活巧妙相融，不仅能从人类的生活中获取所需的食物，还能利用人类的建筑，为自己建造适合居住的巢穴。时间一久，这些聪明的动物反倒很好地适应了这样的生活，看上去还很惬意。我们日常生活中经常可以见到它们忙碌的身影。

安全的巢穴

麻雀在很早以前就闯进了人类的生活，它们的食物大部分是人类的粮食，而建造巢穴的地点也大多依赖人类建筑，比如屋顶的砖瓦缝隙中、墙缝中、房屋的通气孔道里等。这样的生活环境使麻雀躲避了大量捕食者，变得更加安全。

打洞能手

老鼠被丰富的食物吸引而闯入人类的生活。它们在城市的地下挖掘洞穴居住，或者干脆直接住进下水道里。它们能够从地下打洞钻进粮仓和库房，甚至进入到人类的厨房寻找食物。

撒网捕食

蜘蛛在树丛里或墙角铺开一张大网，捕食蚊蝇等昆虫。人类的生活垃圾使蚊蝇等昆虫大量滋生，所以蜘蛛的食物来源也就变得十分富足。

受保护的鸟

楼燕把巢建在楼道里或楼房的雨搭下面。楼燕是和人类相处最融洽的动物，因为楼燕是益鸟，能够消灭城市中大量的蚊虫，所以人类会有意识地保护它们。

受优待的邻居

鸽子是人类的邻居和伙伴，它们曾经为人类服务。虽然我们被鸽子们排出的粪便弄得苦不堪言，但我们还是欣然接受这位邻居。鸽子可以在人类的仓房中搭建巢穴，相比其他动物，确实很受优待。

乌鸦在人类的生活区中活动,在垃圾堆中翻找任何能吃的东西。它们一般把巢建在楼宇的顶部、电线杆或街道两侧的树上。

保护巢穴

当动物们孵化宝宝的时候,保护巢穴的安全变得至关重要!

欧绒鸭是分布在环北极地区的一种大型海鸭,无论雌性还是雄性,身上都披着厚厚的绒毛。雌性欧绒鸭的羽毛呈褐色,而雄性欧绒鸭身上的羽毛是黑白相间的,但它们的额头上都有绿色的羽毛。欧绒鸭常年在北极海岸附近觅食。每年盛夏季节,北极地区的岛屿四周被水环绕,此时,欧绒鸭便开始在岛屿上筑巢繁殖。它们选择岩石或草木隐蔽的地方筑巢,雌鸭用大量树枝、草叶及海藻筑巢,然后再用绒毛作铺衬。

接下来,欧绒鸭妈妈就会在巢中产卵并小心孵化。如果欧绒鸭需要离开巢穴,那么它会把一部分绒毛铺盖在蛋上面,这样既能给蛋保温又能把蛋很好地藏起来。

很多动物都会用一些独特的方法保护巢穴的安全。

废物利用

石巢蜂在废弃的蜗牛壳中筑巢。它用事先储存的蜂蜜和花粉把蜗牛壳裹起来,然后在蜗牛壳里面产下椭圆形的卵,再把沙砾、嚼碎的树叶和唾液混合在一起将壳口封住。最后,它会用杂草叶把蜗牛壳整个盖住。

臭烘烘的巢

很多动物不愿靠近戴胜的巢穴,因为它的巢穴散发着难闻的臭味。戴胜孵蛋的时候,尾部一个特殊的腺会常分泌出黑色带有臭味的油状物质,加上戴胜不清理巢中的粪便,使巢变得臭烘烘的,然而这种看似不卫生的行为却恰好保护了巢穴的安全。

专心守护

眼镜王蛇是一种会筑巢孵卵的蛇。眼镜王蛇把卵产在用泥土和树叶堆起来的巢穴中,接下来,它会寸步不离地守着自己的巢穴,警惕地观察周围的变化,随时准备和入侵者战斗。

浮巢

凤头䴙䴘(pì tī)有和欧绒鸭差不多的行为。凤头䴙䴘的巢是用树枝和水草建成的浮巢,巢的里面铺衬着柔软的海草。凤头䴙䴘妈妈出去觅食的时候,用海草把蛋盖住,从远处看巢就变成了一个杂草堆。

孵蛋期间，欧绒鸭妈妈几乎不会离开巢穴。等小绒鸭出生了，绒鸭妈妈会让宝宝们寸步不离地跟着自己，一边戏水，一边在水中觅食。

万能的工具

爪子的利用

长一双巨大且坚硬的爪子是非常好的一件事！巨大且坚硬的爪子可以用来挖掘，就像人类使用的挖掘机一样。食蚁兽、土豚和鼹鼠都是长着巨大坚硬爪子的动物，它们用爪挖掘洞穴和捕食。

在生活中，我们人类能用双手来完成许多想要达成的事情。可以说，没有灵巧的双手，我们的生活就不会如此丰富多彩。鸟类为什么没有灵巧的双手呢？这是因为在进化的过程中，它们前肢的肌肉和骨骼都已经变成了翅膀的一部分。但是鸟类都长着喙（huì），不同的鸟类因生活的环境不同而拥有不同的鸟喙。喙是鸟类生活中不可缺少的工具，它能用来捕食、自卫以及建造巢穴。其他动物也拥有非常实用的工具，比如啮齿类动物的牙齿可以打洞筑巢，还有一些动物拥有又粗又大的爪，能够用于挖掘。动物们能够将自身的优势发挥到极致，灵活自如地使用自己的工具。

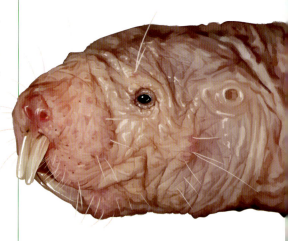

用门齿凿洞

裸鼹鼠的门齿像凿子一样坚硬，它们整个家族在地下居住的巢穴就是用门齿开凿出来的。尽管在挖凿的过程中，门齿会不断磨损，但它同样会不断生长。

巨大的颚

雄性扁锹形虫长着巨大的颚，看上去令人毛骨悚然。这对巨大的颚能使雄性扁锹形虫显得很威武，面对敌人和竞争对手，挥舞的大颚能起到自卫的作用。

剑喙和镰喙

蜂鸟是一种以花蜜为食的鸟类。图中的两种蜂鸟，一种叫剑喙蜂鸟，一种叫镰喙蜂鸟，观察它们的喙就能理解它们的名字了。剑喙蜂鸟主要取食笔直花朵里的花蜜，镰喙蜂鸟主要取食弯曲花朵里的花蜜。

弯嘴鹬栖息在海滨地带，通常长着向右弯曲的喙。弯嘴鹬喜欢吃的昆虫生活在石头下潮湿的泥土里，这样的喙能有效地拉出昆虫。

巨大的树冠

丛林中树木的树冠一般高出地面 25~40 米，这些大树茂密的枝叶能够遮挡部分阳光，从而使树冠中保持温暖和湿润。在树冠中生活着很多小动物，它们快乐地觅食和活动。红猩猩、吼猴和极乐鸟等就生活在高大的树冠中。

在大树的顶端，视野非常宽阔，所以这里成为很多猛禽寻觅猎物的最佳地点。虽然树顶上的风力很大，但它们还是能毫不费力地起飞，并在高空中自由地翱翔。经过一代一代的进化，这些生活在树顶上的鸟类已经可以适应高空和低空之间的压差和温差，不仅能在地面上捕杀猎物，还能以最快的速度从地面返回到树顶上。

美洲角雕就是生活在树顶上的大型猛禽之一。

美丽的羽毛

大部分极乐鸟生活在新几内亚岛的热带丛林中。雄性极乐鸟的身上长着亮丽多彩的羽毛，并会在求偶的时候做出精彩的表演。它们会聚集在一起，一边发出响亮的叫声一边舞蹈。

林间穿行活动

为了能够更安全地生活，红猩猩选择树栖。在高树上，红猩猩攀着藤枝荡来荡去，有时雌性抱着未成年的宝宝在林间穿行。红猩猩非常爱自己的孩子，小红猩猩成年之前一直由妈妈照顾，和妈妈一起住在树上的巢中。

最大的蝙蝠

狐蝠是世界上最大的蝙蝠种类，体型较一般蝙蝠大，两翼展开长达 90 厘米以上。白天，它们成群倒挂在树冠中的树枝上或树洞中；夜晚，它们成群出动，觅食野果和花蕊。

巨大的吼声

吼猴是美洲大陆最大的猴子，喜欢生活在树冠中，以植物叶子和果实为食。吼猴以族群为单位群居在一起，一个族群一般有十几个成员，包括成年雄性、成年雌性、未成年的小猴和哺乳期的小猴。遇到危险的时候，吼猴能发出巨大的吼叫声，所以因此得名。

美洲角雕站在高高的树顶上，搜寻可以捕食的目标。美洲角雕喜欢捕食生活在树冠中的猴子和树懒，有时也会捕食树丛中的蛇和啮齿动物。

筑巢用的材料

有创意的巢穴

这个巢看上去很奇特，因为它是用骨头和铁丝搭建而成的。骨头和铁丝的质量都很重，搭建在一起非常坚固。这个巢是一只鹰的家，它的创意堪称动物巢穴中的一朵奇葩，令我们人类也赞叹不已。

动物筑巢用的材料一般都很相似。鸟类筑巢使用的主要材料是树枝、草茎、草叶、棉麻以及羽毛等。有一些哺乳动物的巢穴只简单地铺上些干草，复杂一点的则是铺上柔软保温的绒毛。随着生存环境的不断变化，人类的生活逐渐影响到动物的生存，它们开始从人类的生活垃圾中选择筑巢的材料，用来建造和装饰巢穴。

雄性缎蓝园丁鸟是最会建造和装饰巢穴的鸟类之一，它先在林间空地上清理出一块1平方米左右的地方，然后飞到各处去衔取长20~30厘米的树枝，再把这些树枝一根根地插在已清出的地面两侧，构成两道密密实实的篱笆，然后中间铺满细枝和嫩草，形成一条"林荫甬道"，并在巢穴周围点缀许多鲜艳夺目的装饰品。

坚固的巢

鸬鹚夫妇用海草和泥土筑巢，湿泥巴和海草搭配使用是非常合理的，它们变干后会变得很坚固。等巢筑好后，鸬鹚妈妈会在里面产蛋，鸬鹚宝宝就在那儿出生。

特殊材质的家

一只老鼠妈妈在库房中发现了一只废弃的棉鞋，棉鞋里有厚厚的绒毛，非常温暖，十分适合居住，于是它把自己的孩子产在里面。一起享受着这个特殊巢穴带来的温暖。

最简陋的地面巢

地面巢可谓鸟巢中最简陋的，选址简单，结构简单，搭建起来也不用耗费多少力气。简单的地面巢仅由树枝或石子拼凑出来，略作讲究的铺以干草或羽毛。双胸斑沙鸟的巢就是地面巢，它们的羽毛和蛋的外表能和地面融合在一起，进而骗过天敌。

雄性缎蓝园丁鸟找到彩色的纸片、羽毛、瓶盖及花瓣等物品，细致地点缀在巢的周围。路过的雌性缎蓝园丁鸟很可能会因为这个漂亮的巢而留下来生活。

干燥的沙漠

沙漠是地球陆地上主要的地质形态之一，地球陆地面积的三分之一都是沙漠。因为沙漠缺少雨水、且植被少，所以最早人类认为这里是荒凉无生命的。但事实上，沙漠中的生命并不少，一些可爱的动物在沙漠中顽强地生存着。

耳廓狐是世界上最小的狐狸，尽管它们的体长仅有 30 厘米左右，但却长着一对硕大的耳朵。耳廓狐是沙漠中主要的动物居民之一。它们喜欢居住在地下洞穴中。对于这些挖掘专家来说，建造一个地下洞穴是手到擒来的事情。洞穴里十分干净、舒适，是一个既安全又凉爽的藏身场所。

除了耳廓狐，沙漠中还有很多动物，比如沙猫、跳鼠、角蝰蛇和沙鸡等。

等待时机

角蝰蛇平时藏在沙子里，只露出鼻子、眼睛及刺状角。当有猎物靠近的时候，它张开血盆大口，用长长的毒牙刺入猎物的身体。

跳跃绝技

体长只有十几厘米的跳鼠却长着一条比身体还要长的尾巴，在休息的时候，这条尾巴能够用来支撑身体。跳鼠的前肢很短小，后肢很长，非常适合跳跃，一跃的距离就能超过 2 米。这样的跳跃绝技总能在最危险的时刻帮助跳鼠逃生。

为宝宝带水的鸟

沙鸡在沙漠地区随处可见，它们经常长途飞行，去寻找水源。沙鸡成群结队地飞到水塘边饮水，并用胸脯上柔软的羽毛吸收水分，带给它们的孩子。沙鸡的巢很简陋，一般建在灌木丛中或地面上的浅坑里。

挖掘的能手

沙猫和其他猫科动物不同，它们的攀爬和跳跃本领不是很强，最出色的本领是挖掘洞穴。在繁殖期来临之前，沙猫要打造一个干净舒适的洞穴，以保证自己的宝宝能健康地长大。

在洞穴中，小耳廓狐还很小，耳廓狐妈妈细心地给它们哺乳，而耳廓狐爸爸则趁着夜色去捕捉猎物。耳廓狐妈妈带着宝宝出来透气的时候要非常小心，需时刻提防鹰等猎食者的袭击。

黑暗的海底家园

很少有人到达过几千米深的深海中，因为那里黑暗、冰冷。但有一点毋庸置疑，几千米深的深海中仍然有动物存在。我们现在就来认识一些生活在黑暗的海底家园中的动物居民。这些动物有着近乎相同的特点：眼睛大，身体上长着发光器或者感应器。

丝角鮟鱇鱼的身体短胖，下颌多须，如树根状，它们因此又名"树须鱼"。有的人也把它称为垂钓鱼，因为它们的头上还长着一个会发光的诱饵，就像我们人类钓鱼时挂在鱼钩上的诱饵一样。一些鱼误认为这是一只发光的小虫子，当它们靠近捕捉的时候，丝角鮟鱇鱼就可以趁机将其捕获了。

鹈鹕鳗、斧头鱼、蝰鱼和短吻三刺鲀都生活在黑暗的海底家园中。

灵敏的触觉

短吻三刺鲀用胸鳍和尾鳍把身体支起来休息。它的头上也长着一对鳍，看上去像一对长耳朵。这对鳍的触觉非常灵敏，当有猎物靠近时，它会把信息传给短吻三刺鲀。

贪吃的大嘴

鹈鹕鳗最主要的特征就是长着一张和鹈鹕一样的大嘴。它的大嘴约占身体的三分之一。鹈鹕鳗在海底不停地游动，用大嘴滤食食物。它很贪吃，无论捕到什么食物，都会直接吞下去。鹈鹕鳗可以一口吃下和自己差不多大，甚至比它大很多的鱼类。

全身发光的鱼

蝰鱼是深海居民中最特殊的成员之一。它们的身体细长且扁平，体侧、背部、胸部、腹部和尾部均有发光器，可谓一身"珠光宝气"。蝰鱼的嘴里有毒刺，可以给敌人造成致命的伤害，有的种类体内所含的毒素甚至可以夺走人类的生命。

像斧头的鱼

斧头鱼已经完全适应了深海的生活。看！斧头鱼的嘴巴向上弯曲并长满锋利的牙齿，这对它捕食很有利，身体上长着一些发光器，有助于它看清周围的环境。斧头鱼的体型像一把斧子，很扁，这样就不容易被敌人发现了，除非敌人在它的侧面。

大部分时间里,丝角鮟鱇鱼躲藏在礁石或珊瑚礁的洞穴中,这样不仅能躲避捕食者,也非常利于捕捉猎物。

建设巢穴的秘密

结合前面对动物们筑巢的介绍,以及我们从别的图书上看到的关于动物建造巢穴的知识,我们会发现很多动物建造巢穴的秘密。动物们的巢穴不仅适于居住,最主要的是要有利于躲避危险、遮挡风雨以及保证后代健康安全地成长起来。而且动物巢穴的形状和结构都是经过精心设计的,这样就会十分坚固耐用。

收割鼠是一种生活在加拿大南部到南美洲北部一带的小鼠,它们十分可爱,喜欢生活在低草地带。收割鼠的巢穴是在草丛、灌木或树上用植物修筑的球形巢。这种球形巢悬挂在草茎、灌木枝上,这样其他的哺乳动物就无法靠近了。

悬挂式的筑巢

红颈马利布鸟生活在南非大陆上,它们会用较硬的草来建造悬挂式的巢穴。红颈马利布鸟的悬巢很大且十分精致。每一个鸟巢都有盖子,入口是一条狭窄的通道,这样的设计大大提高了巢穴的安全性,蛇和其他天敌很难侵入。

落入陷阱

我们在沙质土壤中能发现蚁狮的行踪,它们藏身在一个个小小的漏斗状的浅坑中。蚁狮在这里静静地等待蚂蚁靠近。一旦有猎物经过浅坑,沙土的震动会让蚁狮知道是到该出手的时候了,于是它用大颚弹抛沙土,使猎物陷入坑底,把它吃掉。

水中的房子

有一种蜘蛛一生都生活在水中,它们就是水蜘蛛。水蜘蛛在浅湖或池塘的水面下建一个充满空气的钟状巢。钟状巢中的氧气足够水蜘蛛用上一段时间。它们在钟状巢中静静地等待,伺机捕捉小鱼。

木材中的隧道

大部分甲虫喜欢在木材中挖掘坑道,并将卵产在里面。卵孵化后,幼虫们会从这条主坑道向各个方向挖掘取食。这样的家能让甲虫幼虫有效避开鸟类的捕食而顺利成年。

收割鼠建造球形的巢,这个温暖的家能够让收割鼠宝宝们安全地度过整个夏天。到了冬天,收割鼠会在地下挖洞栖身。